汉语风 中文分级系列读物 **Chinese Breeze** Graded Reader Series

péngyou
朋友
（第二版）
Friends

主　编　[美]刘月华（Yuehua Liu）　[美]储诚志（Chengzhi Chu）
原　创　赵绍玲（Shaoling Zhao）

图书在版编目(CIP)数据

朋友 /(美)刘月华,(美)储诚志主编. —2版. —北京:北京大学出版社,2020.6
(《汉语风》中文分级系列读物. 第3级,750词级)
ISBN 978-7-301-30884-4

Ⅰ.①朋… Ⅱ.①刘…②储… Ⅲ.①汉语—阅读教学—对外汉语教学—自学参考资料 Ⅳ.①H195.4

中国版本图书馆CIP数据核字(2019)第232395号

书　　　名	朋友(第二版) PENGYOU (DI-ER BAN)
著作责任者	[美]刘月华(Yuehua Liu) [美]储诚志(Chengzhi Chu) 主编 赵绍玲　原创
责任编辑	李　凌　路冬月
标准书号	ISBN 978-7-301-30884-4
出版发行	北京大学出版社
地　　　址	北京市海淀区成府路205号　100871
网　　　址	http://www.pup.cn　　新浪微博:@北京大学出版社
电子信箱	zpup@pup.cn
电　　　话	邮购部 010-62752015　发行部 010-62750672 编辑部 010-62753374
印 刷 者	三河市博文印刷有限公司
经 销 者	新华书店
	850毫米×1168毫米　32开本　2.875印张　65千字 2014年9月第1版 2020年6月第2版　2020年6月第1次印刷
定　　　价	24.00元

未经许可,不得以任何方式复制或抄袭本书之部分或全部内容。
版权所有,侵权必究
举报电话: 010-62752024　电子信箱: fd@pup.pku.edu.cn
图书如有印装质量问题,请与出版部联系,电话:010-62756370

刘月华

毕业于北京大学中文系。原为北京语言学院教授,1989年赴美,先后在卫斯理学院、麻省理工学院、哈佛大学教授中文。主要从事现代汉语语法,特别是对外汉语教学语法研究。近年编写了多部对外汉语教材。主要著作有《实用现代汉语语法》(合作)、《趋向补语通释》《汉语语法论集》等,对外汉语教材有《中文听说读写》(主编)、《走进中国百姓生活——中高级汉语视听说教程》(合作)等。

储诚志

夏威夷大学博士,美国中文教师学会前任会长,加州大学戴维斯分校中文部主任,语言学系博士生导师。兼任多所大学的客座教授或特聘教授,多家学术期刊编委。曾在北京语言大学和斯坦福大学任教多年。

赵绍玲

笔名向娅,中国记者协会会员,中国作家协会会员。主要作品有报告文学集《二十四人的性爱世界》《国际航线上的中国空姐》《国际航线上的奇闻秘事》等,电视艺术片《凝固的情感》《希望之光》等。多部作品被改编成广播剧、电影、电视连续剧,获各类奖项多次。

Yuehua Liu

A graduate of the Chinese Department of Peking University, Yuehua Liu was Professor in Chinese at the Beijing Language and Culture University. In 1989, she continued her professional career in the United States and had taught Chinese at Wellesley College, MIT, and Harvard University for many years. Her research concentrated on modern Chinese grammar, especially grammar for teaching Chinese as a foreign language. Her major publications include *Practical Modern Chinese Grammar* (co-author), *Comprehensive Studies of Chinese Directional Complements*, and *Writings on Chinese Grammar* as well as the Chinese textbook series *Integrated Chinese* (chief editor) and the audio-video textbook set *Learning Advanced Colloquial Chinese from TV* (co-author).

Chengzhi Chu

Chu is associate professor and coordinator of the Chinese Language Program at the University of California, Davis, where he also serves on the Graduate Faculty of Linguistics. He is the former president of the Chinese Language Teachers Association, USA, and guest professor or honorable professor of several other universities. Chu received his Ph.D. from the University of Hawaii. He had taught at the Beijing Language and Culture University and Stanford University for many years before joining UC Davis.

Shaoling Zhao

With Xiangya as her pen name, Shaoling Zhao is an award-winning Chinese writer. She is a member of the All-China Journalists Association and the All-China Writers Association. She authored many influential reportages and television play and film scripts, including *Hostesses on International Airlines*, *Concretionary Affection*, and *The Silver Lining*.

前　言

　　学一种语言,只凭一套教科书,只靠课堂的时间,是远远不够的。因为记忆会不断地经受时间的冲刷,学过的会不断地遗忘。学外语的人,不是经常会因为记不住生词而苦恼吗？一个词学过了,很快就忘了,下次遇到了,只好查词典,这时你才知道已经学过。可是不久,你又遇到这个词,好像又是初次见面,你只好再查词典。查过之后,你会怨自己:脑子怎么这么差,这个词怎么老也记不住！其实,并不是你的脑子差,而是学过的东西时间久了,在你的脑子中变成了沉睡的记忆,要想不忘,就需要经常唤醒它,激活它。"汉语风"分级读物,就是为此而编写的。

　　为了"激活记忆",学外语的人都有自己的一套办法。比如有的人做生词卡,有的人做生词本,经常翻看复习。还有肯下苦功夫的人,干脆背词典,从A部第一个词背到Z部最后一个词。这种做法也许精神可嘉,但是不仅过程痛苦,效果也不一定理想。"汉语风"分级读物,是专业作家专门为"汉语风"写作的,每一本读物不仅涵盖相应等级的全部词汇、语法现象,而且故事有趣,情节吸引人。它使你在享受阅读愉悦的同时,轻松地达到了温故知新的目的。如果你在学习汉语的过程中,经常以"汉语风"为伴,相信你不仅不会为忘记学过的词汇、语法而烦恼,还会逐渐培养出汉语语感,使汉语在你的头脑中牢牢生根。

　　"汉语风"的部分读物出版前曾在华盛顿大学(西雅图)、范德堡大学和加州大学戴维斯分校的六十多位学生中试用。感谢这三所大学的毕念平老师、刘宪民老师和魏苹老师的热心组织和学生们的积极参与。夏威夷大学的姚道中教授、加州大学戴维斯分校的李宇以及博士生Ann Kelleher和Nicole Richardson对部分读物的初稿提供了一些很好的编辑意见,在此一并表示感谢。

Foreword

When it comes to learning a foreign language, relying on a set of textbooks or spending time in the classroom is not nearly enough. Memory is eroded by time; you keep forgetting what you have learned. Haven't we all been frustrated by our inability to remember new vocabulary? You learn a word and quickly forget it, so next time when you come across it you have to look it up in a dictionary. Only then do you realize that you used to know it, and you start to blame yourself, "why am I so forgetful?" when in fact, it's not your shaky memory that's at fault, but the fact that unless you review constantly, what you've learned quickly becomes dormant. The *Chinese Breeze* graded series is designed specially to help you remember what you've learned.

Everyone learning a second language has his or her way of jogging his or her memory. For example, some people make index cards or vocabulary notebooks so as to thumb through them frequently. Some simply try to go through dictionaries and try to memorize all the vocabulary items from A to Z. This spirit is laudable, but it is a painful process, and the results are far from sure. *Chinese Breeze* is a series of graded readers purposely written by professional authors. Each reader not only incorporates all the vocabulary and grammar specific to the grade but also contains an interesting and absorbing plot. They enable you to refresh and reinforce your knowledge and at the same time have a pleasurable time with the story. If you make *Chinese Breeze* a constant companion in your studies of Chinese, you won't have to worry about forgetting your vocabulary and grammar. You will also develop your feel for the language and root it firmly in your mind.

Thanks are due to Nyan-ping Bi, Xianmin Liu, and Ping Wei for arranging more than sixty students to field-test several of the readers in the *Chinese Breeze* series. Professor Tao-chung Yao at the University of Hawaii. Ms. Yu Li and Ph.D. students Ann Kelleher and Nicole Richardson of UC Davis provided very good editorial suggestions. We thank our colleagues, students, and friends for their support and assistance.

主要人物和地方名称
Main Characters and Main Places

我 wǒ

I, the son of the second richest man in a province of China

我爸爸 wǒ bàba

My father, the second richest man in a province of China

我妈妈 wǒ māma

My mother

张力 Zhāng Lì

The son of the richest man in a province of China

红树林酒吧的老板 Hóngshùlín Jiǔbā de lǎobǎn

The owner of the Mangrove Bar

酒吧妹 jiǔbāmèi

A girl working at the Mangrove Bar

小红 Xiǎohóng

My girlfriend

爷爷 yéye
Grandfather, the old man Zhang Li is looking after

红树林酒吧 Hóngshùlín Jiǔbā: The Mangrove Bar
北京 Běijīng: Capital of China
经贸大学 Jīngmào Dàxué: University of International Business and Economics
北京饭店 Běijīng Fàndiàn: Beijing Hotel

文中所有专有名词下面有下画线，比如：张力
(All the proper nouns in the text are underlined, such as in 张力)

目 录
Contents

1. 我有大麻烦了
   I got into big trouble 1

2. 去北京，找张力
   Looking for Zhang Li in Beijing 10

3. 红树林酒吧的小张力
   Little Zhang Li in the Mangrove Bar 14

4. 头上被打出了一个包
   Got a bump on the head 23

5. "人"字是什么意思
   What does "human" mean 33

6. 小张力和爷爷的故事
   The story of Little Zhang Li and his grandfather 43

7. 我成了酒吧服务员
   Becoming a bar waiter 50

8. 朋友在这里
   My friend is here 57

生词表
Vocabulary list 62

练习
Exercises 65

练习答案
Answer key to the exercises 70

1. 我有大麻烦了

　　前两天，我的女朋友小红跟我说，她需要280万买套房子，她不想再和她的爸爸、妈妈、姐姐住在一起了！小红是个导游的女儿，家里的房子比较差。

　　买房子，不是个简单的事情。

　　小红说，或者马上给她280万，她买了房子还做我女朋友，或者她离开我。

　　很早就有人告诉我，小红和我好，就是为了钱。别人说，她不是个好姑娘。这话我不太相信。小红是喜欢钱，但是，现在的女孩子，谁不喜欢钱呢？

　　要知道，我爸爸很有钱，在我们省，只有张大朋的公司比我爸爸的公司大，我爸爸是省里第二有钱的人，所以我也很有钱。而且，我长得很不错，身体挺好，也挺高，总是有不少好看的女孩子在我周围转¹，当然，小红可以算²最漂亮、最可爱的一个。

　　小红会唱很多中国歌和外国歌，还会讲故事，每个故事，都是讲到快要出大事³、我特别紧张的时候，她就笑着停下来，让我急！

　　小红喜欢穿着世界上最有名的衣服跟我一起去看电影，听音乐，去公园，参加舞会，去旅游。当然，她最主要的是喜欢跟我去商店，她不那么喜欢花儿呀、外国杂志呀、画着好看的风景的画儿呀这样的东西，这些东西很便宜。小红喜欢买衣服，一件衣

1. 转 zhuàn: wander around
2. 算 suàn: count (as)
3. 出大事 chū dàshì: have a big accident

1. 我有大麻烦了

服经常需要花一万多[4]块钱！有一次，她让我给她买一件里边和外边都有毛的衣服，花了18万呢！

说真的，为这么漂亮的姑娘花钱，我挺高兴的。而且，我拿出一两万块钱给小红买东西，卖东西的服务员眼睛都会变得很大，长时间地看着我。看见他们这个样子，我就很得意[5]！

和小红一起去游泳也挺有意思的，她脱下长衣服，穿那种短的游泳衣特别好看！当然，最好是和她游泳的时候，让别的男孩子看见——让他们知道，小红是我的！

可是现在糟糕了，她跟我要的280万，真是一笔[6]不小的钱……要是不能马上给，她就要离开我，这件事急死[7]我了！

说起来，要我拿出280万也不算[2]什么大事——从去年爸爸给我练习管理[8]的那个月亮饭店里，每个月我都能

---

4. 多 duō: more than (a certain number)
5. 得意 déyì: complacent
6. 笔 bǐ: a measure word for a great amount of money
7. 死 sǐ: excessively
8. 管理 guǎnlǐ: manage

拿到差不多20万，等到明年，就能给她280万了。可是小红让我马上给钱，她说买房子不能等，房子的价钱⁹每天都在变，越来越贵。一句话，她让我马上把那个饭店卖给别人，把钱给她。

那……卖就卖¹⁰吧，谁让我爱上这个漂亮的小红了？而且，管理⁸餐厅也不是我的爱好。月亮饭店差不多是我们这个城市最好最有名的饭店，很大很漂亮，一共三层，几¹¹十个房间，在几¹¹个最贵的大房间里，还带厕所和厨房，厕所里春天、夏天、秋天、冬天，任何时候都摆着很美的花，客人高兴的时候，还可以自己试着在厨房里做饭。在月亮饭店吃过饭、参观过的人都说，这样的饭店，就是¹²在我们省里，一共也没有几¹¹家！但是，管理⁸饭店，是一件很小的事情，我是要做大事情的人！

我很希望爸爸今年就把他手里最

---

9. 价钱 jiàqián: price
10. 卖就卖 mài jiù mài: If it must be sold, then sell it.
11. 几 jǐ: a few, several
12. 就是 jiùshì: even, even for

大的公司给我，那才是我有兴趣做，也应该做的事。

不过，在没有拿到爸爸的大公司以前，我还是很喜欢去月亮饭店的，约些朋友，叫厨房准备最好的饭菜，除了烤鸭、鱼、饺子以外，同时拿出最有名的咖啡、茶、酒，在这家饭店，这样的好东西很多。

我每一次请客，都是从午饭一直吃到晚饭，大家的肚子都饱得像个球。这样的时候，漂亮的姑娘们都想坐在我的左右，大家举起酒杯，一起说"祝你健康""祝你有钱"。这让我非常快乐，觉得生活挺有意思的！

现在,卖了它,给小红买房子……

想想,要是真能让小红高兴,也行。

妈妈总是说,爸爸有这样大的公司,是很不容易的。过去,我们家在很远的大山里,因为没有钱,爸爸妈妈不但没有念过书,连吃饭都是马马虎虎,所以总是觉得饿。进城后,爸爸吃了很多苦[13],身体都累坏[14]了,才有了今天。家里有钱了,我吃好一点儿,穿好一点儿,住得舒服一点儿,不再过苦[13]日子,也没什么错。但是,像我这样每天都找不少朋友到饭店吃喝,这饭店就是[12]个用钱做的大山,也会变空的。

我知道妈妈说得对,但是我不喜欢听。妈妈也知道我不听,说完,只好还像过去一样,认真地帮助我管理[8]这家饭店。

现在你知道了吧?爸爸说是把饭店给了我,让我锻炼锻炼,但都是妈妈在管理[8],我只在饭店里玩儿,

---

13. 苦 kǔ: hardship
14. 坏 huài: to be broken

从饭店里拿钱花。我知道,爸爸有的是[15]钱,我们省里只有张大朋比爸爸有更多的钱,爸爸的钱第二多。

爸爸可能是太爱我了,也可能是不希望我再像他从前那样过苦[13]日子,前些年,我想要什么,爸爸就马上给我什么。我想去美国旅游,爸爸第二天就去给我办护照,刚拿到签证,就马上叫人去给我买美国航空公司的机票。18岁生日的时候,我说想要一辆红色的奔驰[16]跑车[17],刚开始,爸爸看了看妈妈,没有马上说话。我还以为他不想给我,就有点儿不高兴。没想到,第二天一早,妈妈就给了我一张有180万块钱的银行卡[18],说,爸爸叫我自己去4S店买喜欢的车。要知道,那时候,我们这个城市还没有人开这样的车呢!

可是后来,不知道什么原因,爸爸突然变了。他知道我想要他手里最大的那个公司,但他就是不给。最

---

15. 有的是 yǒudeshì: have plenty of
16. 奔驰 Bēnchí: Mercedes-Benz
17. 跑车 pǎochē: sports car
18. 卡 kǎ: card

近,他生了重病,住进了医院。医生说他的时间不多了,可他还是不想快点儿把公司给我!

前两天我去医院看他,很希望他能和我说说这件事,没想到,他躺在床上一点儿都不急,慢慢地说:"孩子,我想让你去北京,到经贸大学去找张大朋的儿子,他和你一样大,叫张力,我想让你和他做朋友。"还说,什么时候我有了变化,成为[19]像张力那样的人,他才把公司给我。

张力不就是一个大学生吗,有什么特别好的?为什么要我做他那样的人?

我不懂。

但是,我还是准备照[20]爸爸的话去做。这样,我不但可以在不久以后拿到爸爸的大公司,还可以让小红找不到我。我想,这个小红,一下子就跟我要那么多钱,还要得那么急……所以,现在最好是让她找不到我,那样,就可以不卖我的月亮饭店了。

19. 成为 chéngwéi: become
20. 照 zhào: according to

哈哈[21],想到这些,我高兴得笑起来。

所以,第二天上午我就把一些吃的东西和几[11]瓶饮料装到车上,准备去北京了。

妈妈在后边,一边走,一边不停地说:"孩子,要注意啊,开车慢一点儿啊,天气越来越冷,多穿一点儿啊……一路平安!"

妈妈总是不放心我,这些话每次都说三四遍[22],听着真麻烦!

Want to check your understanding of this part?
Go to the questions on page 65.

21. 哈哈 hāhā: haha, sound of laughing
22. 说三四遍 shuō sān-sì biàn: say three or four times, meaning say many times

2. 去北京,找张力

去北京,要从我们的城市先往东,再往北走。我上了奔驰[16]跑车[17],打开车里的GPS,看着上面的地图,细细算[2]了一下,从我家到北京,有900多[4]公里[23],这不难。我把车开得像飞一样,路两边的树和房子一下就不见了,没有一辆汽车比我更快。妈妈一会儿来一次电话,一会儿来一次电话,叫我慢点儿开,我才不听呢。天还没黑,北京就到了。

要不怎么叫跑车[17]呢!

人在这样的时候才知道什么叫得意[5]。

当然,很得意[5]的我,已经忘了小红的房子问题。

来北京以前,妈妈就用电话为我找好了北京饭店的房间,每天1000块钱。住饭店我很习惯,我带女朋友

23. 公里 gōnglǐ: kilometer

去旅行，都是住这样的饭店。

但是，找那个张力就不容易了。

从GPS看，经贸大学离北京饭店不算²远，所以我一点儿也不急，睡到第二天中午妈妈来电话时我才起床。妈妈总是有那么多的不放心。"行了行了，我的手机没电了！"我没听她说完就放下了电话。叫服务员把早饭，不，是午饭，送进房间，我慢慢地吃了东西，下午才去找张力。

没想到啊，北京汽车这么多！我把跑车¹⁷开到路中间才发现，我的前边是车，后边也是车，左边是车，右边也是车，走得特别慢！那么近的路，我用了两个多⁴小时，才慢慢地到了。

在北京市里，跑车¹⁷没用。

不过，走得慢也挺好，我发现，不少人坐在自己的车里，眼睛一直看着我和我漂亮的红色跑车¹⁷，啊，在北京，这么好的车也不多！

我又觉得特别得意⁵了。

好不容易到了经贸大学，管理⁸学生的老师看了看电脑告诉我，他们学校，有两个男同学叫张力，问我找哪一个。

我想了想,问:"21岁的,从我们省来的张力,有吗?"

老师笑了,问:"你们省是哪个省?"我有点儿不好意思,说出了我们省的名字。

老师说:"21岁,从你们省来的张力在三年级。他上课的教室不远,从这里出去往南,第二个楼。"

可是,有点儿晚了。等我找到南边第二个楼,已经下课半个小时了。楼下大家都在运动。有两个队在比赛踢足球,有人在唱歌,附近还有两个像老师一样的男人在打太极拳。教室里有人用电脑在网上看世界地图,有

2. 去北京，找张力

人在复习功课，有个外国留学生拿着一本外国出的书在教中国学生说英语。这些活动我觉得都很有意思，我想，这就是报纸、电视和书上常说的"文化"吧？

我从小就不喜欢学习，上什么课都觉得头疼，上完中学都没参加大学考试，当然更没有进过大学的门。我进的都是大饭店的门、大商店的门、机场的门、音乐会的门……现在我觉得，大学生活还真不错啊！

可是，我过去怎么就不想上大学呢？

一个女同学告诉我，张力大概去图书馆了，因为他最喜欢看书。一个男同学说："你最好还是到红树林酒吧看看吧，从大学二年级开始，张力下课后差不多天天去那里。"

Want to check your understanding of this part?
Go to the questions on page 65.

3. 红树林酒吧的小张力

　　<u>红树林酒吧</u>在一条路旁边，不算²大，但是非常干净。一个男服务员看见我就马上走过来，热情地说："晚上好！先生，请<u>坐</u>吧！"

5　　我不客气地坐下，眼睛看着天，问："<u>张力</u>来了吗？"

　　"啊，我就是<u>张力</u>。"他轻轻笑了笑，很客气地问，"您找我有事？"

　　我这才转过头来，认真看了看10 他。他长得挺小，穿着服务员的白裤子、黄衣服，里面是一件虽然洗得很干净，但是已经看不出原来颜色的旧衬衫。我也笑了——他一看就不是有钱人的孩子。

15　　"真有意思，<u>北京</u>怎么有那么多叫张力的？可惜，我找的不是你。我找的那个张力，是<u>张大朋</u>的儿子！<u>张大朋</u>你知道吗？我们省最有钱的人！开着全省最大的公司，在我们省，不，

14

3. 红树林酒吧的小张力

在咱们国家，也不，在世界上，张大朋都挺有名的！他们家还有自己的飞机呢！"

那个小服务员笑了笑，没说话。看他好像不怎么注意我的话，我想，他一定不知道那个张大朋多么[24]有钱！

"好了，不跟你说了。来两瓶最好的啤酒[25]。我要在这里等张力。啊，以后，我就叫你小张力好不好？"我开玩笑地说。他也笑着回答："没问题。怎么叫都行[26]！"

小张力真是个不错的服务员，啤

---

24. 多么 duōme: so
25. 啤酒 píjiǔ: beer
26. 怎么叫都行 zěnme jiào dōu xíng: You can call me whatever you want to.

酒[25]很快拿来，又很快打开，倒出来，黄黄的，喝一口，很不错，我觉得很舒服。

小张力看见我挺舒服的样子，想了想，轻轻问我：

"先生，也许你能告诉我，你为什么找张力？"

"你先告诉我，你认识不认识他？"我用问题来回答他。

"当然认识。"他很快地说。

不知道为什么，我挺喜欢这个小张力，也挺愿意和他说话，就告诉他我爸爸住在医院里的事，然后对小张力说："我爸爸的时间已经不多了，你一定要记住啊，张力来了快点儿告诉我！"小张力听说我爸爸要求我做张力那样的人，脸突然有一点儿红。他看了看我，连[27]说："放心吧，我记住了。"

旁边有客人在叫服务员，小张力一边回答客人，一边对我说了句"对不起"，就很快走了过去。

这小张力，真是个不错的服务员！

前面的桌子旁边有个姑娘一直看着我，现在，她向我走了过来。

27. 连 lián: repeatedly

3. 红树林酒吧的小张力

她走路的样子和一般人不一样,上半身[28]不动,下半身[29]往左扭[30]一下,再往右扭[30]一下,而且扭[30]得特别厉害。这种姑娘我见过很多,靠陪人喝酒拿钱,酒吧妹都这样。

"帅哥[31],一个人喝酒,有什么意思,妹妹陪你!"

我不说话,把两只脚放得高高的,放到桌子上——要知道,我穿的

28. 上半身 shàng bànshēn: upper body
29. 下半身 xià bànshēn: lower body
30. 扭 niǔ: twist
31. 帅哥 shuàigē: handsome guy

是很贵的、世界有名的鞋！我半闭[32]着眼睛，好像不太注意地看着她：长得还行吧，圆脸，大眼睛，就是黑了点儿。

"自己倒吧。"我指着啤酒[25]。她一点儿也不客气，给自己倒了一大杯。我就跟她一口一口地慢慢喝起来。

"帅哥[31]，不是北京的吧？过去没见过你啊。"

"以后就会常见了！"

"你姓什么？"

"这重要吗？"我马马虎虎地和她说着话，眼睛一直看着门。我希望看见走进来一个长得高高的、身体非常棒的先生，穿的衣服又有名又合适。对，就像我这样。

我觉得张力就应该和我差不多。

"门外那辆跑车[17]，你的？"那酒吧妹问。

"没错，我的。"我半闭[32]着眼睛慢慢地回答。这种说话的样子，是跟外国电影里的有钱人学的。

"真棒！"酒吧妹靠近我的身体，笑着说，"我还没坐过这么好的车呢！

32. 闭 bì: close

一会儿用这车送我回家吧。"

"那得看我高兴不高兴。先给我唱一个!"跟她们这样的女孩子玩儿,我有经验。

正说着,我的手机来电话了。可能又是妈妈,她总是不放心我,今天已经来过几[11]次电话了。我拿出我的黑色苹果手机,糟糕,是<u>小红</u>!我马上把手机关了。

我才不接她的电话呢!我要让她找不到我!

很晚了,<u>张力</u>还没有来。这个张力,跑哪儿玩儿去了!酒吧妹陪我喝了很多啤酒[25]和别的酒,我觉得累了,很想睡觉,就转过头叫:"小张力,收钱[33]!"

小张力接过钱,看着我红红的眼睛,很不放心地说:"先生,您喝多了,不能开车。"

"没关系!"我站起来想往外走,可是,我觉得,在这家<u>红树林酒吧</u>里,我的脚好像也变成了树,长在地上,差不多不能动了。我努力地走,

---

33. 收钱 shōu qián: take the bill, collect money

结果腿一动,身体就往左一倒、往右一倒。看起来一定很有意思!

"不行!"小张力很快地站到酒吧门口,不让我出去。"这样会出事的!"

他长得那么小,身体一定很轻,照[20]我的经验看,像搬一件小行李那样把他从门口搬开,应该很容易。但是没想到,比他高很多的我,努力地搬了几[11]下也搬不动他。这个小张力,一定锻炼得不错。

"请您先在这里休息一会儿,还有半小时我就可以回家了,我帮您把车开回去。"

听他这样说，我的心突然一热。这小张力还真是个好人，认识我才几[11]个小时，就这么愿意帮助我。不过，我还是想考考他，就借着喝了很多酒，做出挺不高兴的样子，说："你是不是看我有钱？咱们先说好[34]，我和你没有任何关系，是你自己愿意帮忙的，我是不给钱的！"

小张力认真地说："当然，不用给钱！"

"那，先送这位小姐回家，再送我回北京饭店，行不行？"

小张力还是认真地回答："没问题。"

第二天中午，我看见自己睡在北京饭店的床上，衣服在旁边放得好好儿的，床附近的桌子上还准备着一杯水。

我很快地拿起衣服看了看，才放心了——里边的银行卡[18]、车钥匙[35]和钱都在。

---

34. 说好 shuōhǎo: make the agreement
35. 钥匙 yàoshi: key

想了很长时间，我也不知道自己是怎样回到北京饭店的房间里的。

Want to check your understanding of this part?
Go to the questions on page 65-66.

4. 头上被打出了一个包[36]

晚上,天快黑了,我又去了<u>红树林酒吧</u>。我得去等<u>张力</u>。今天晚上,这个有钱的大学生会来吗?

"<u>小张力</u>!"我刚在桌子旁边坐下,就大叫。

"<u>张力</u>还没来。"一个和<u>小张力</u>穿一样衣服的服务员看了看表,说:"他6点钟上班,就差[37]10分钟了,该到了啊!"

"打工的还晚到?还想不想在这儿工作了?"我拿出大老板[38]的样子说。

"喂,帅哥[31],回头看看!"说话的是那个酒吧妹。

我一回头,正看见<u>小张力</u>跑着进来。现在快要到冬天了,气温有点儿低,他的脸红红的,很热的样子。

看见我,他笑了笑,说了句"你

36. 包 bāo: bump, swelling
37. 差 chà: be short of
38. 老板 lǎobǎn: boss

好",就马上走进前面那间房子里。等他再出来的时候,又跟前一天晚上一样,穿着服务员的衣服,脸上带着笑。

我看了看我的表,啊,刚刚6点!

我看表的时候,样子很夸张[39],手举得很高。为什么?哈哈[21],我的表是世界上最有名、最贵的表。这种表,全世界只有10块,非常准[40],就是[12]走100年,也一分不差[37]!

我知道,在我夸张[39]地举起手来看表的时候,旁边有三四个人都看到了我那块非常棒的外国表。我看见,

39. 夸张 kuāzhāng: exaggerative
40. 准 zhǔn: punctual

那几[11]个人里,有一个长得很高,身体很重,鼻子又大又红。

我得意[5]地笑了笑。我总是因为自己有这些全世界最贵的东西而得意[5]!

"请问,您需要点儿什么?"不知道为什么,小张力好像有点儿紧张,他看了看那些人,客气地问我。

"两瓶英国啤酒[25],一份菜!"我不客气地说。

"好的。"小张力很快去拿啤酒[25]和菜。

我突然想起来,问酒吧妹:"我昨天晚上怎么回去的?"

"当然是张力送的啊!你还没出酒吧就倒在桌子上睡着了!他先送了我又送你,时间太晚了,连公共汽车都没坐上,一个人半夜跑了4公里[23]回的家!"

"你怎么知道的?"我一听,有点儿不好意思了。

"他送了我,就已经错过[41]公共汽车的时间了,我从你衣服里找到钱包,拿出100元钱给他,叫他送完你再花

---

41. 错过 cuòguò: miss

钱叫辆出租车回家。我说了几[11]遍，他都不要，还叫我快点儿把钱放回你的钱包，说才4公里[23]，他可以跑着回去，还锻炼身体呢！"

5 "啊……这个<u>小张力</u>，真是个不错的人啊！"我想。

我觉得自己更喜欢这个长得很小的服务员了。

等<u>小张力</u>拿着啤酒[25]和菜过来，
10 给我倒酒的时候，我自己也不知道为什么，突然变得客气起来：

"谢谢你啊，昨天晚上……"

"啊，没什么，别客气！不过，今天晚上千万不要喝那么多了啊！"
15 <u>小张力</u>一半儿像开玩笑，一半儿像认真地说。他说话的样子就像老朋友一样。

我也笑了。我觉得真像在一个谁都不认识的新地方找到了好朋友。

20 "还有一个问题，"我对<u>小张力</u>说，"你的身体看着好像很轻，但是，昨天晚上我怎么搬不动你呢？"

"那是你锻炼不够啊！我才120斤，很容易被放倒[42]的！"他笑着说。

---

42. 放倒 fàngdǎo: beat down

"不对，"我想了想说，"我的锻炼是不太够，但是，我在家里的时候跟朋友们试过，一百六十多4斤的人我很容易就能放倒42！你一定用特别难、特别棒的办法锻炼过！"

有人在叫服务员，小张力很快地回答："来了！"又很快地对我说了句"对不起"，就离开了我的桌子。

不过，我发现，他的眼睛经常看看我，再看看那几11个注意过我的表的人。

那个该死的43张力，一直没来。

---

43. 该死的 gāisǐde: blamed, damned

妈妈来过两个电话，问我北京冷不冷，衣服穿得够不够……我说妈妈"你太麻烦"，很快就挂了。小红来过三次电话，我怕她说房子的问题，一次都没接。

　　已经到了夜里十一点三刻了，又到了小张力快要回家的时候，我站起来叫他收钱[33]。他很快地走过来，一边数我给的钱，一边有点儿紧张地对我说："请等等，我收拾一下就去送你。"我不想再麻烦他，所以，没等他再说什么，就很快地走到了门外，"不用了，我行。"我说着就打开了车门。

　　在我第一只脚刚刚上到车里时，突然，有个东西很重地打在我头上。我觉得非常疼，就倒下了……马上有人来取我手上的表……我看见了几[11]张脸，还有一个挺大的红鼻子，正是酒吧里那几[11]个注意我的表的人！我知道自己现在还没死，但是我很怕他们打死我，就立刻把两只手都放到头上，很紧张地说："别打了，别打了，表给你们，车也给你们！"我一害怕，车钥匙[35]掉在了地上。看见我这样，他们里面那个长得最高、身体最重的人"哈哈²¹"地笑了起来。他先取走了我的表,又拿起车钥匙³⁵,然后高兴地说:"行,你还挺懂事⁴⁴!把手机也给我!"说着,就在我衣服里找手机。就在这时候,不知道为什么,他的身体晃⁴⁵了晃⁴⁵,就突然往后倒下了。

这是怎么回事?躺在地上的我转过脸一看,啊!是小张力!他打倒了那个长得最高、身体最重的人,拿回了我的车钥匙³⁵和表。

这时候,一辆写着"警察⁴⁶"两

44. 懂事 dǒng shì: sensible
45. 晃 huàng: shake
46. 警察 jǐngchá: police

个字的汽车一边叫着一边飞快地开过来。另外[47]几[11]个人一看,马上往右拐,上了一条小路,跑远了。

警察[46]带走了那个被小张力打倒的人,我才把手从头上放下来。

我躺在地上,还是特别怕。小张力帮助我爬起来,可是我的腿已经不能走路了。小张力让我靠着他的身体,他像搬一件行李一样把我搬回酒吧。

"问题不大,就是头上多了一个大红包[36]。"酒吧妹马马虎虎看了我的头一下,说。

小张力不放心,让我靠近灯,认真地看了看我头上的包[36],说:"看起来没什么大事。"然后问我:"你没发现他们很注意你的表和你的车吗?"

因为又冷又怕,我的身体一直不停地抖[48]。啊,要是这时候妈妈在该多好啊!我的泪[49]突然流了出来,什么都看不清楚了。"发现了。可是,我

---

47. 另外 lìngwài: other
48. 抖 dǒu: shiver
49. 泪 lèi: tears

认为他们就是羡慕[50]我呢……啊,警察[46]怎么正在这时候来了呢?"我问。

"张力看见你一出去那几[11]个人也马上跟着[51]你出去了,就知道情况不好,他叫我快打110,他自己去跟着[51]那些人。"酒吧妹告诉我说。

"啊,你真的非常有经验,也不怕事,是我见过的最够朋友[52]的人!那个红鼻子男人,多高啊,身体还那么重,可是你不怕,一下就把他放倒[42]了!你真行!"我忘了冷和怕,羡慕[50]地对小张力说。

听了我的话,酒吧妹看着我的眼睛慢慢地说:"你说说,为什么有钱人的孩子差不多都像你这样,又怕苦[13]又怕累又怕死。除了有钱,什么都没有;除了会花钱,什么事情都不会做。没钱的人才能像张力那样,又有文化,又有水平,又愿意帮助别人。你们有钱人怎么就不能跟张力一样呢?"

---

50. 羡慕 xiànmù: admire, envy
51. 跟着 gēnzhe: follow
52. 够朋友 gòu péngyou: be a true friend

要是过去，我早有一万句话等着她，可是现在，我真不知道该怎么回答。

"好了，我也到回家的时间了，我送你回去休息吧。"小张力说。

现在，我眼睛里的泪⁴⁹已经不流了，就是头上那个包³⁶还有点儿疼。我一只手放在那个包³⁶上，像个小弟弟跟着⁵¹大哥哥一样跟在小张力后边。我想，长得很高的我跟在长得很小的小张力后边，那样子一定很有意思。

Want to check your understanding of this part?
Go to the questions on page 66.

5. "人"字是什么意思

小张力开车的水平很高,车子开得挺快,可是人坐在车里又觉得车子好像没动。不知道这个小服务员是什么时候、怎么样学会的开车。

"我已经跟老板[38]说好[34]了,明天我不去酒吧。"先送了酒吧妹,把车子轻轻停在北京饭店门前,小张力转过头对我说。

"为什么呢?"我很急地问,我很怕明天见不到他。我好像有点儿不想离开他了。

"明天是周末,也是我爷爷的生日,他80周岁了。我已经买好了蛋糕、水果和花,明天我要去看爷爷。"

"啊,80岁,真好!我爷爷57岁就死了,那时候我们家还在山里,日子过得很苦[13],他得了和我爸爸一样的病,没有钱去医院,很快就死了。"

"啊,对不起!"小张力好像完全

没想到我会对他说这些,他很快地看了看我的眼睛,对我说。

"那,我明天就见不到你了……"我心里有些不舒服,低下头慢慢地说。

"啊……要是你没别的事,也愿意,就和我一起去看我爷爷吧!他很喜欢孩子,他会很高兴的!"

"太好了!太好了!"我高兴得跳起来。这一跳,糟糕!我的头突然一疼,又很重地坐下了——原来,我忘了自己还坐在车里呢!这一下头疼得更厉害了,那个刚才被打出来的红包[36]现在可能更大了……

第二天早上,服务员提着我睡觉前叫他们给我准备的礼物来了,有一大包呢!我很快地吃了早饭,高高兴兴地跟小张力一起去看他的爷爷。

这天天气还算[2]晴吧,太阳虽然出来了,但是看起来跟月亮差不多,气温比较低,风吹得小树像要倒下去。因为心里高兴,一出城,我就把车开得像飞一样,比警察[46]要求的快多了。

这时,我还记着前一天晚上酒吧妹看着我的眼睛说的那些话,那些话叫我很不舒服。我不想让小张力觉得

5. "人"字是什么意思

我真的除了会花钱什么都不会，做什么都不行，我想让小张力知道我开车的水平。

可是，小张力一句我想听的话都没有，却[53]说："你开得太快了，这样不好，还是慢一点儿吧。"这话说得真没意思，我回答他："别忘了，这是跑车[17]！开慢了，对不起这辆车啊！"

前面是一条小河，一个男人骑着一辆自行车从西往东，想穿过[54]这条从北往南的路。太阳虽然像月亮，但是在流着的河水里，太阳看起来就像在跳舞，正照着我的眼睛，我又开得太快，没看到那个男人……等车子停在离路口很远的地方时，那个男人已经倒在地上，自行车被我的车带出去[55]挺远……

啊，糟糕！他会不会死？我突然怕极了，身体又像前一天晚上被打了头那样，开始不停地抖[48]起来，想下车去看看，但腿和脚却[53]不会动了……

小张力很快地跳下车，一边往那

---

53. 却 què: but
54. 穿过 chuānguo: pass through
55. 带出去 dài chuqu: bump away

个男人旁边跑,一边回过头来对我说:"快打120!"小张力跑到那个人旁边,看到他的衣服虽然脏了,但是已经坐起来,就对他说:"先生,您觉得怎么样?"那个人说:"我的左腿有些疼。"小张力看了看他的腿,又问:"还有哪里不舒服?您能看见这是几[11]?"小张力很有经验地伸出[56]右手的三个手指[57],放到离那个人眼睛不远的地方。

"三。"那个人说。

"很好。"小张力说,"先生,您能对我笑笑吗?"

---

56. 伸出 shēnchū: stretch out
57. 手指 shǒuzhǐ: finger

那个人觉得这时候笑有点儿难，但还是对<u>小张力</u>笑了一下。笑的时候，他的脸、眼睛和嘴都很好，没问题。

"您今年多大了？"

"38岁。"

"您做什么工作？"

"售货员。"

那个人回答了这些问题以后，<u>小张力</u>好像放心些了："先生，等警察⁴⁶来看了情况以后，咱们就去医院好吗？"正说着，警察⁴⁶的车已经到了。

看了看情况，警察⁴⁶说，这条路有四条机动车道⁵⁸，那个人骑自行车

58. 机动车道 jīdòng chēdào: driveway

穿过⁵⁴这条路是不对的,但是,我的错更大。我开车太快,没有注意到有人骑车穿过⁵⁴这条路,才出了这事。

警察⁴⁶给我的车和那个男人的自行车都照了相⁵⁹,还记下了我的车号和驾驶证⁶⁰号,然后对我和小张力说:"你们除了要给这位先生出看病、买药的钱,还要给他1000块钱。怎么样,有问题吗?"我的手、脚和身体还怕得不停地抖⁴⁸着,想回答,可是说不出话。小张力马上说:"当然,没问题!"

"好了,快带他去医院吧。"警察⁴⁶见没什么问题,就把两张写好了的事故认定书⁶¹给了我和那个男人,走了。

我的身体还在不停地抖⁴⁸,手和脚都不好用:"小张力,"我有点儿不好意思地说,"我现在……我开不了车了……我……"

小张力马上说:"我来开。"

两个小时后,我们从医院把那个男人送回了他家。

去爷爷家还是小张力开车,他看

---

59. 照了相 zhàole xiàng: took a picture
60. 驾驶证 jiàshǐzhèng: driver's license
61. 事故认定书 shìgù rèndìngshū: accident report

见我的手还有点儿抖⁴⁸,就轻轻笑了一下。我知道,他的笑没有别的意思,他的笑不冷,他笑得挺好看的。他一边不快不慢地开着车,一边说:"好了,不要怕了。做个负责任⁶²的男人,一般不会出事,但是,如果出了事³,也不要怕事。出了事,第一要做的就是告诉自己不要怕,第二要做的是想想自己该做什么。"过了一会儿,看见我的手、脚和身体已经不像刚才那样抖⁴⁸了,小张力才慢慢地说:"这是辆好车啊!奔驰¹⁶,你看,它的logo像什么?"

62. 负责任 fù zérèn: be responsible

像什么?我没想过。我只觉得,看见那个logo,就知道是好车。

"你看,那个圆里面,像不像个'人'字?"

我想了想,"对啊,还真是这样!"

"你再想想,那个'人'字外面是一个圆,这是什么意思呢?是不是可以这样说,人,要在一个圈儿内生活和工作,不能出这个圈儿?"

啊,我有点儿懂<u>小张力</u>的意思了。我轻轻地说:"是。出了圈儿,就容易出问题。"

"对啊,你跟别人是不一样的。你家里有那么大的公司等着你去管理⁸,所以更不能出错,错一次,那个公司可能就不是你的了,连改的机会都没有!"

<u>小张力</u>这话一出口,我就紧张了一下!过去,爸爸妈妈也对我说过很多希望的话,但是像<u>小张力</u>这种话我还是第一次听见。过去我总是觉得,自己以后会有个大公司,很让人羡慕⁵⁰。现在听<u>小张力</u>这样一说,我的心很重地跳了几¹¹下!是啊,管理⁸大公司真不像玩儿那么简单。

"你生在有钱人的家里,你可以坐

着飞机去世界很多地方旅行,你眼睛看到的东西比别人多,你认识很多有名的人,知道很多别人不知道的事情,家里还有个大公司等着你接过来管理[8]……如果这是场爬山比赛,你在开始的时候,已经比别人站得高、走得快了。可是,这场比赛很长,长到等有人接过你的工作才算[2]完。所以,你要是不努力,你最后不一定能站在那座山最高的地方。"

小张力像聊天儿一样跟我谈话,这些话像水一样,慢慢流进了我的心里,我觉得他的话非常对。

"好极了,你懂,我就不多说了。"

小张力真是个特别让人喜欢的人,他的话停得非常好。要是他还继续说,就像我妈妈那样,我就不喜欢听了。

这时候,我好像忘了他长得很小,我觉得他比我高,是个经验很多、非常有办法、特别棒的男人。我从心里喜欢和他做朋友。

我想,等到我管理[8]爸爸的大公司的时候,一定叫小张力来帮助我。他在酒吧打工,拿不到很多钱,工作也没意思,只要他来我的公司,我就给他很多钱。

Want to check your understanding of this part?
Go to the questions on page 66.

6. 小张力和爷爷的故事

小张力的爷爷很早就坐在门口等着他了，我们还在车里就看见爷爷的脸很黄，不停地咳嗽。他坐在一张绿椅子上，好像特别冷、特别累……

我想，都是我不好，把车开得那么快，结果出了事，用了那么长时间，让爷爷在风里等了那么久。

"爷爷！天冷了，您怎么在风里坐着啊，容易感冒！"小张力真是个好孩子，他很心疼[63]爷爷。

看见小张力，爷爷笑了，是从心里笑出来的。可是，笑着的爷爷，眼睛一下变红了，慢慢地有了泪[49]……

"孩子……"爷爷只说了这两个字，就说不出别的话了。一看就知道，爷爷非常爱小张力，也非常想小张力。

"爷爷，这是我的新朋友。"小张力向爷爷介绍我，爷爷努力笑着对我说："欢迎欢迎！来……快进房间。"说着，爷爷想站起来，但是，试了几[11]次都不行，在我和小张力的帮助下，他才很不容易地站起来，慢慢走进房间。

爷爷家和别人的家有些不一样。爷爷家只有爷爷一个人，房间里挺冷的，东西很少，也很旧，一看就知道爷爷的日子过得很难。房间里只有一张小男孩儿的旧照片和几[11]张小张力跟爷爷在一起的新照片。

我们拿出给爷爷的生日礼物，可是，爷爷的手已经不能动了，完全拿不住，人也一下坐到床上。

63. 心疼 xīnténg: care about, feel sorry for

"爷爷,您怎么了?!"小张力很急地问。

我发现爷爷的手、脚和身体不停地抖[48],我想起了爸爸生病的样子,又有点儿怕了。

"爷爷的头很热,可能有三十九度了。爷爷病了,我们送他去医院!"小张力对我说。

……

给爷爷做了几[11]个检查,女医生看着检查结果,对小张力说出了一种病的名字,"他需要住医院。"医生说。

"阿姨,您贵姓?"小张力问。

"我姓黄。"

"啊,黄大夫,住院需要多少钱?"

"差不多要8000块吧。这才是开始,他的病比较麻烦,明天和后天还要检查,药也很贵,留下你的手机号,以后医院还会继续叫你们加钱的。"黄大夫说。

"啊……8000块?!"小张力急了,"我的银行卡[18]里只有6000!"

"不要急,钱没问题!"我说着,拿出自己的银行卡[18]。

小张力看着我,过了一会儿才说:"朋友,谢谢你!"被他叫成"朋友",我很高兴。

医生们在爷爷周围忙了很长时间,晚上,爷爷好些了,吃了一点儿东西,脸上也有了点儿红颜色。小张力这才放心一些,给爷爷拿来一杯水,然后在爷爷白颜色的床旁边坐下来。

爷爷一直看着小张力,眼睛里都是爱。他把手慢慢放到小张力的手上,再慢慢拿起来,放到自己的胸[64]前。小张力靠着爷爷,很久都不动,

64. 胸 xiōng: chest

像个孩子。

房间里很安静。过了很长时间,爷爷才说:"好孩子,爷爷有话对你说。"爷爷心里好像有很多话。

"三年了,孩子,所有的事情,我都知道。"

我听不懂爷爷的话,什么三年了?他知道什么事情呢?

"孩子,我知道,你不是我的孙子[65]大生。"

我看见小张力的身体抖[48]了一下。

"从三年前我把你从城里带回我家的那天晚上,我就发现了,你不是我家的大生。大生腿上有一小片红,你腿上没有。

"三年前的那天,我进城,在路上突然看见了你。我看了你很长时间,越来越觉得你就是我的孙子[65]——大生!大生的脸和眼睛、鼻子、嘴、身体,都跟你一样!你们的手,都是又细又长。我就觉得你是我家的大生。我很急地对你说,十三年前,你爸爸刚死,家里很乱,我的心也很乱,不知道该做什么……第二天,我才突然

---

65. 孙子 sūnzi: grandson

发现找不到你了……我想你想得心和眼睛都出了问题。我对你说，没了你，我一个人生活太难，太没意思，我几[11]次都想去死……你的心真好，看见七十多[4]岁的我只能一个人过日子，你的心就疼了……看见我因为找到了你，找到了孙子[65]，特别高兴，你就什么都没说，叫我爷爷，开始给我当<u>大生</u>。"

啊！真没想到，原来，这老人不是<u>小张力</u>的爷爷。他跑这么远的路来看的人，不是……他爷爷。我的嘴像个开着的门，都闭[32]不上了。

"差不多每个月，你都要找时间来看我，冬天给我买长的、暖和的衣服，夏天给我买短的、不热的衬衫和裤子，有时候不能来看我，就从邮局给我寄些礼物。学校夏天和冬天放假，你总是来我这里住几[11]天，去年暑假，你还带我去了长城。每年你都记着给我过生日……孩子，有了你，我的生活变得很愉快，很好！"

我的眼睛都变圆了，一直看着<u>小张力</u>。我想，那些总是和我在一起吃饭喝酒的朋友里，还真的没有一个这

6. 小张力和爷爷的故事

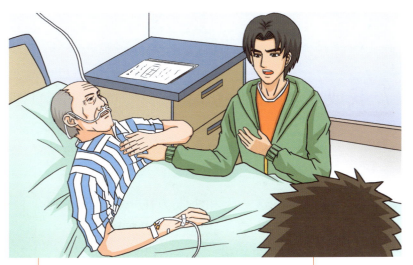

样的人。

"孩子,我知道我的时间不多了,我要谢谢你对我的照顾,谢谢你对我的好!"

小张力的手还是放在爷爷的胸[64]前,一看就知道,他心里也有很多话。

"爷爷,我没有告诉您,这三年,我一直在网上努力地找大生,我希望经过网上朋友们的帮助找到他。爷爷,您这么爱我,以后,就是[12]大生回来了,您也还是我的爷爷!"

爷爷的眼睛红了,说不出话来。我的眼睛也热了,快要流泪[49]了……

Want to check your understanding of this part?
Go to the questions on page 67.

7. 我成了酒吧服务员

　　那天夜里,回来的时候,我想了很多。

　　这一天和小张力在一起,出了那么多的事,我觉得一切都和过去不一样了。知道了小张力和爷爷的故事,我好像一下懂了很多东西。我好像懂了"人"是怎么回事,懂了"负责任[62]"是什么。我不快不慢地开着车,小张力坐在一边,我们很长时间没有说话。

　　后来,我问小张力:"你家里还有什么人?"

　　"父亲、母亲、爷爷、奶奶。啊,还有一只小狗。父亲、母亲工作,爷爷、奶奶和小狗在家。很简单。"

　　他说得很快,说完,就又不说话了。

　　"我知道,你在为钱的事急。"我说。

"是啊,我现在每天在<u>红树林酒吧</u>工作6小时,可以拿到一百多[4]块钱,医院每天要那么多钱,我连一半都不够啊!"

"没关系,钱不是问题,我可以给爷爷出看病的钱。"

"那不行。"<u>小张力</u>非常认真地说,"你银行卡[18]上的钱,都是你爸爸妈妈给的。要是你真的想帮助我,请用你自己的双手。"

我自己的双手?我不懂这话的意思。

"我的意思是,如果是你自己工作拿到的钱,我愿意向你借,但是,你用你爸爸妈妈的钱帮助我,不合适。还有,今天你给医院的钱,我一定会还给你。"

虽然我是真想帮助他,可是……我什么工作都不会做啊!我的<u>月亮饭店</u>也是妈妈在管理[8]。我觉得这事有些难。

"昨天,<u>红树林酒吧</u>要找一个服务员,你不是要在那里等张力吗?要是你愿意,我可以向老板[38]介绍你,像我一样,每天晚上去工作6小时。"

叫我当酒吧的服务员？一听这话，我的头都大了。

可是想了想，我又愿意了，我要在那里等张力啊！还有，这个小张力，别看长得不高，他身体里有一种东西，让我必须听他的话。

要知道，我现在也很想做个像小张力一样负责任[62]的男人。

第二天晚上，还没到6点，我已经到了红树林酒吧。

"你？要做服务员？"红树林酒吧老板[38]的眼睛变得又大又圆，像个足球，不，比足球还大，像个篮球！

"你不是那个开奔驰[16]跑车[17]的吗？"他用手向外一指，那里停着我的

红色跑车[17]。

"是啊。但是我想在这里做服务员。"我认真地说。

老板[38]走近些,把手放到我的头上,他一定以为我生了什么病,发高烧了。

"请相信我,先生。"小张力这时候站出来帮助我说话,"他现在在这里已经是个有名的人了,红树林酒吧用他做服务员,客人会觉得很不同,大家一定会很高兴!"

老板[38]想了一会儿,有点儿相信又有点儿不相信地说:"用这么有钱的帅哥[31]当服务员,这在红树林酒吧的历史上还没有过……那,就试试吧。"

我穿上服务员的衣服刚一走出来,客人们的眼睛就变大了,都看着我。我心里有点儿紧张,也有点儿不好意思。

"看!那个帅哥[31],戴着全世界最贵的表,开着全世界最好的跑车[17],住在1000元一夜的北京饭店,现在来红树林酒吧当服务员了!"一看见我,那个酒吧妹就大叫起来。

"哈哈[21]!"有的人看着我笑起来，更多的人是从上到下又从下到上地看我。

"喂，服务员！来瓶啤酒[25]!"一个男人对着我，像是开玩笑地大叫。

小张力很快地走到我旁边，对我说:"不要紧张。记住，现在你是服务员，你爱这份工作。要笑着，要客气一点儿，把这瓶啤酒[25]送过去。"我照[20]他的话做了。

那个男人笑着说:"不错，不错!"后来他离开的时候，我告诉他一共185块，他给了我200块钱，说:"不用找[66]了!"我很高兴，说:"谢谢您!"他看着我，好像比我还高兴地说:"不客气!"

我就这样，一会儿跑到东，一会儿跑到西，还没到四个小时，我的腿和脚就很疼了。可是，能和小张力一起为给爷爷看病打工，我心里挺高兴的。更想不到的是，这一天，红树林酒吧里客人特别多，很多人听说红树

66. 找 zhǎo: give change

7. 我成了酒吧服务员

林酒吧里来了个开奔驰[16]跑车[17]的服务员,都离开旁边的酒吧到红树林酒吧来喝酒,想看看我这个特别有钱的服务员。这一下,老板[38]高兴极了!

该回家了,老板[38]给了我和小张力每人两百多[4]块钱,这真让人高兴,比他过去给小张力的钱多了一百块啊。我们俩把所有的钱放到一起数了数,哈哈[21],有五百多[4]呢!

小张力一边换衣服,一边对我说:"我看,你也不要再住北京饭店了,那房子很贵呢,和我一起住吧,我住客厅,你住卧室,我们每人出一半房租。"这个小张力,真会算[2]啊。我高兴地说:"好吧!"

用自己的双手去工作，去挣钱，是一件这么有意思的事，我过去完全不知道。在红树林酒吧才工作了几周，我就有了更多的朋友，还认识了很多会说汉语的外国人。有事的时候，我也不再怕了，我会想一想，应该怎么办。

有一天，我的手机收到了小红的一条短信。她说："真对不起，和你在一起的时候，我总是向你要钱；没有你的消息了，才清楚我是那么爱你……新年快到了，回来吧，我等着你。"

这条短信，我读了两遍。想起小红，我的心都变得暖和了，心里很甜、很高兴。因为，离开一段时间后，我发现，我比过去更爱她了。

我想，以后，我们两个要好好发展我们的爱，一起去工作，不再那样乱花钱，要好好过日子。

Want to check your understanding of this part?
Go to the questions on page 67.

8. 朋友在这里

时间一天天飞快地过去,我一直没有等到那个大学生张力,我也差不多已经忘了那个有钱人的孩子张力。一个月后,爷爷的病好了,我和小张力把爷爷接回了家。看着爷爷和小张力眼睛里的爱,我突然很想爸爸妈妈,过去我心里完全没有他们,现在,我很想他们。

又过了一个多[4]月,一天晚上,我正在红树林酒吧里给客人送酒的时候,接到了妈妈的一个电话……妈妈很急地说,爸爸的病越来越重,可能要永远离开我们了……听到这里,我觉得自己的心突然疼极了,眼睛里都是泪[49],我放下电话,很急地对小张力说:"我得快一点儿回家,我爸爸可能不行了……"

小张力也急了:"啊……真没想到。你快点儿回去吧。"想了想他又说：" 现在飞机和火车的票都挺难买，这样吧，昨天学校刚开始放假，我来开车送你回家。你心里急，开车容易出事。"

第二天，我穿着自己用手洗过很多遍的、已经很旧的衣服站在爸爸的床前时，爸爸安静地躺着，一直都不动。我的泪[49]像下雨一样，叫着"爸爸！爸爸"，他的眼睛才慢慢动了一下。一看到我，他的眼睛一下变大了，有了一些笑的样子。

"孩子，你回来了?"他躺着，努力举起手，把我的手拿在手里，不愿意放开。"好久不见，你黑了，身体看起来更健康了……我知道，这几[11]个

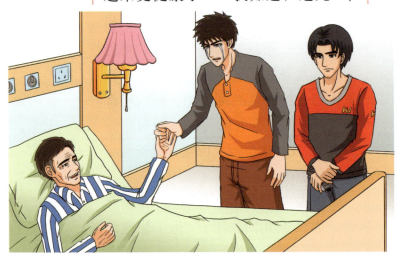

月你变了……我为你的进步高兴啊！"

看见站在我后面的小张力，爸爸眼睛里的笑更多了，好像想对小张力说什么，但是没有说出来……

就这样，爸爸的眼睛笑着，看着我和小张力，手慢慢放开了……

我的泪[49]流了一脸，连衣服上都是。我问妈妈为什么不早点儿叫我回来。妈妈说，我走后，爸爸一直注意着我，后来，看到我银行卡[18]上的钱不但没有往外取，还在慢慢增加，爸爸就叫我叔叔到北京去了解了解。叔叔回来告诉他，我搬出了北京饭店，每天骑着自行车去打工，每天都能拿到两百多[4]块钱。不上班的时候，我只去书店，连电影都没去看过。爸爸听了特别高兴。他一直不让妈妈叫我回来，他想让我一个人好好在北京锻炼、提高，让我变成一个有用的人，懂得负责任[62]的人，能把他留给我的大公司做好的人。

我在心里说："爸爸，你放心，我一定要做个负责任[62]的人，有用的人！"

后来，当小张力跟我说"再见"

的时候，我认真地对他说："等你上完大学，欢迎到我的公司里来工作，只要你来，要多少钱你决定！"

小张力没有马上回答，想了想，才说："我们是朋友，我相信，以后，谁有难事，朋友都会帮助。"

他这句话，我后来想了好久。

两年以后，经过锻炼，我已经把我的大公司做得挺好了。有一天，一家美国的大公司请我们省里几¹¹家大公司的老板³⁸见面，谈谈以后的工作。我脱下旧衣服，穿上很好的新衣服，开车到了那家饭店。

我看见大厅里有一张很大的圆桌子，桌子周围放着一些很白的纸，每张纸上都用英文和中文写着公司的名字和老板³⁸的名字。在找⁶⁶自己的名字的时候，我突然看见了我们省里最大的公司，也就是<u>张大朋</u>公司的名字，在公司的名字下写着两个字——<u>张力</u>！

啊，这就是爸爸那年叫我去<u>北京</u>找的<u>张力</u>？<u>张大朋</u>也把公司给了儿子？

眼睛刚刚离开这个名字，我突然

看见名字后面有一个人——一个我认识的人！一个我忘不了的人！

长得很小，但是很健康……他笑着向我走来，我也很快地走上去，我们越来越近！

"朋友！""小张力！"我们俩一起叫起来！

Want to check your understanding of this part?
Go to the questions on page 67.

To check your vocabulary of this reader,
go to the questions on page 68.

To check your global understanding of this reader,
go to the questions on page 69.

生词表
Vocabulary list

1	转	zhuàn	wander around
2	算	suàn	count (as)
3	出大事	chū dàshì	have a big accident
4	多	duō	more than (a certain number)
5	得意	déyì	complacent
6	笔	bǐ	a measure word for a great amount of money
7	死	sǐ	excessively
8	管理	guǎnlǐ	manage
9	价钱	jiàqián	price
10	卖就卖	mài jiù mài	If it must be sold, then sell it.
11	几	jǐ	a few, several
12	就是	jiùshì	even, even for
13	苦	kǔ	hardship
14	坏	huài	to be broken
15	有的是	yǒudeshì	have plenty of
16	奔驰	Bēnchí	Mercedes-Benz
17	跑车	pǎochē	sports car
18	卡	kǎ	card
19	成为	chéngwéi	become
20	照	zhào	according to
21	哈哈	hāhā	haha, sound of laughing
22	说三四遍	shuō sān-sì biàn	say three or four times, meaning say many times
23	公里	gōnglǐ	kilometer
24	多么	duōme	so

25	啤酒	píjiǔ	beer
26	怎么叫都行	zěnme jiào dōu xíng	You can call me whatever you want to.
27	连	lián	repeatedly
28	上半身	shàng bànshēn	upper body
29	下半身	xià bànshēn	lower body
30	扭	niǔ	twist
31	帅哥	shuàigē	handsome guy
32	闭	bì	close
33	收钱	shōu qián	take the bill, collect money
34	说好	shuōhǎo	make the agreement
35	钥匙	yàoshi	key
36	包	bāo	bump, swelling
37	差	chà	be short of
38	老板	lǎobǎn	boss
39	夸张	kuāzhāng	exaggerative
40	准	zhǔn	punctual
41	错过	cuòguò	miss
42	放倒	fàngdǎo	beat down
43	该死的	gāisǐde	blamed, damned
44	懂事	dǒng shì	sensible
45	晃	huàng	shake
46	警察	jǐngchá	policeman
47	另外	lìngwài	other
48	抖	dǒu	shiver
49	泪	lèi	tears
50	羡慕	xiànmù	admire, envy
51	跟着	gēnzhe	follow
52	够朋友	gòu péngyou	be a true friend

53	却	què	but
54	穿过	chuānguo	pass through
55	带出去	dài chuqu	bump away
56	伸出	shēnchū	stretch out
57	手指	shǒuzhǐ	finger
58	机动车道	jīdòng chēdào	driveway
59	照了相	zhàole xiàng	took a picture
60	驾驶证	jiàshǐzhèng	driver's license
61	事故认定书	shìgù rèndìngshū	accident report
62	负责任	fù zérèn	be responsible
63	心疼	xīnténg	care about, feel sorry for
64	胸	xiōng	chest
65	孙子	sūnzi	grandson
66	找	zhǎo	give change

练 习
Exercises

1. **我有大麻烦了**

   根据故事选择正确答案。Select the correct answer for each of the questions.

   (1) 小红让"我"做什么？
      a. 给她买房子　　　b. 和她结婚
   (2) 为小红花钱买东西，"我"心里怎么想？
      a. 不高兴　　　　　b. 高兴
   (3) "我"现在在哪里工作？
      a. 一个公司　　　　b. 一个饭店
   (4) 爸爸让"我"去北京做什么？
      a. 找一家好的医院　b. 找一个叫张力的人

2. **去北京，找张力**

   根据故事选择正确答案。Select the correct answer for each of the questions.

   (1) 张力在北京做什么？
      a. 工作　　　　　　b. 上学
   (2) "我"在经贸大学找到张力了吗？
      a. 没找到　　　　　b. 找到了

3. **红树林酒吧的小张力**

   根据故事选择正确答案。Select the correct answer for each of the questions.

   (1) 在红树林酒吧，"我"看见了一个女孩儿，她是谁？
      a. 小红　　　　　　b. 酒吧妹

(2) "我"喜欢小张力吗?
    a. 喜欢   b. 不喜欢
(3) "我"怎么回到北京饭店的?
    a. 小张力送"我"   b. "我"自己打车

4. 头上被打出了一个包[36]

根据故事选择正确答案。Select the correct answer for each of the questions.

(1) 这天晚上是谁送"我"回饭店的?
    a. 酒吧妹   b. 小张力
(2) 酒吧里的男人打"我"是因为他们看上了_____
    a. 我身上很贵的东西   b. 酒吧妹
(3) 谁放倒[42]了打"我"的人?
    a. 小张力   b. 警察[46]
(4) 警察[46]为什么会来?
    a. 因为"我"打架   b. 酒吧妹打了110

5. "人"字是什么意思

下面的说法哪个对,哪个错? Mark the correct ones with "T" and incorrect ones with "F".

(1) 为了让小张力知道"我"开车的水平,"我"开得很快。(　)
(2) 第二天,"我"和小张力去看他的女朋友。(　)
(3) "我"开车的时候,撞倒(zhuàngdǎo, knock down)了一个人。(　)
(4) "我"开车开得太快,所以警察[46]来了。(　)

6. 小张力和爷爷的故事

下面的说法哪个对,哪个错? Mark the correct ones with "T" and incorrect ones with "F".

(1) 大生是小张力的弟弟。　　　　　　　　　(　)
(2) 爷爷生病了,所以去了医院。　　　　　　　(　)
(3) 爷爷虽然一个人生活,但是很快乐。　　　　(　)

7. 我成了酒吧服务员

下面的说法哪个对,哪个错? Mark the correct ones with "T" and incorrect ones with "F".

(1) "我"的钱丢了,所以"我"才来酒吧当服务员。(　)
(2) "我"在酒吧工作,一点儿都不高兴。　　　　(　)
(3) "我"手机上收到了妈妈的一条短信。　　　　(　)

8. 朋友在这里

根据故事选择正确答案。Select the correct answer for each of the questions.

(1) "我"为什么回家?
　　a. 小红要和我结婚　　　b. 爸爸的病越来越重
(2) "我"爸爸的病最后好了没有?
　　a. 没有　　　　　　　　b. 好了
(3) "我"爸爸认识张力吗?
　　a. 认识　　　　　　　　b. 不认识
(4) 张力和小张力是什么关系?
　　a. 哥哥和弟弟　　　　　b. 一个人

词汇练习 Vocabulary exercises

选词填空 Fill in each blank with the most appropriate word.

1. a. 紧张   b. 糟糕   c. 马马虎虎   d. 变化   e. 准备
(1) 爸爸妈妈小时候不但没有念过书,连吃饭都是_____。
(2) 小红讲故事时,喜欢在故事最_____的时候停下来,让我急。
(3) 小红要280万买房子,这下_____了。
(4) 第二天上午,我就把一些吃的东西和几¹¹瓶饮料装到车上,_____去北京。
(5) 爸爸说什么时候我有了_____,成为¹⁹像张力那样的人,他才把公司给我。

2. a. 锻炼   b. 经验   c. 愿意   d. 气温   e. 抖⁴⁸
(1) 小张力真的非常有_____,也不怕事,是我见过的最够朋友⁵²的人。
(2) 小张力一定_____得不错,才让人搬不动他。
(3) 开车出了事以后,我的手一直_____。
(4) 酒吧妹说没钱的人才能像张力那样,又有文化,又有水平,又_____帮助别人。
(5) 我们去看爷爷的那一天,_____很低。

3. a. 管理⁸   b. 咳嗽   c. 愉快   d. 清楚   e. 飞快
(1) 爷爷生病了,一直在_____。
(2) _____大公司真不像玩儿那么简单。
(3) 小红没有我的消息,才_____她心里很爱我。
(4) 自从有了小张力,爷爷的生活过得很_____。
(5) 时间一天天_____地过去。

综合理解 Global understanding

根据整篇故事选择正确的答案。 Select the correct answer for each of the gapped sentences in the following passage.

我是一个有钱人家的孩子。我爸爸的公司是全省(a. 第一大的 b. 第二大的)公司。我有一个女朋友,名字叫(a. 小红 b. 酒吧妹)。她最喜欢做的事情是买很贵的(a. 花 b. 衣服),所以我为她花了很多钱。有一天,她让我给她买(a. 一个很贵的手表 b. 一个房子),要不然就和我分手。可是我没有那么多钱,她让我把爸爸的(a. 饭店 b. 公司)卖了。但是,爸爸生病了,他说只要我(a. 成为[19]像张力那样的人 b. 去经贸大学上学),他就把公司给我。

我来到了(a. 上海 b. 北京),去张力的学校找他。在学校,我(a. 找到了 b. 没找到)张力。后来,我去了一个酒吧,认识了一个男孩儿,他的名字也叫(a. 张力 b. 张大朋)。在酒吧,我还认识了一个女孩儿,我叫她(a. 小红 b. 酒吧妹)。我在酒吧里等了张力几[11]天,可是张力都没来,我却[53]和(a. 小张力 b. 张大朋)成了朋友。一次,有几[11]个人看上了我身上贵的东西,他们(a. 打 b. 吓唬〈xiàhu, threaten〉)我,(a. 小张力 b. 张大朋 c. 酒吧的老板[38])把那些人放倒[42]了。后来,我和这个新朋友一起去看望他的(a. 爷爷 b. 奶奶)。我后来知道,我的朋友并不是这个老人的孙子[65],他只是在照顾这个老人。这样一个负责任[62]又好心的朋友,我非常喜欢他。在他的帮助下,我的生活变了,我开始在(a. 经贸大学 b. 酒吧)工作,学会了很多事情,也知道了什么是责任。

后来,因为爸爸病重,我和我的朋友回到了家乡。几[11]年以后,我再见到我的朋友时,他已经是一个(a. 酒吧 b. 大公司)的老板[38]了。原来,我的朋友就是我爸爸让我找的人——我终于(zhōngyú, eventually)找到了我的朋友。

练习答案

Answer key to the exercises

1. 我有大麻烦了
    (1) a (2) b (3) b (4) b

2. 去北京,找张力
    (1) b (2) a

3. 红树酒吧的小张力
    (1) b (2) a (3) a

4. 头上被打出了一个包[36]
    (1) b (2) a (3) a (4) b

5. "人"字是什么意思
    (1) T (2) F (3) T (4) F

6. 小张力和爷爷的故事
    (1) F (2) T (3) F

7. 我成了酒吧服务员
    (1) F (2) F (3) F

8. 朋友在这里
    (1) b (2) a (3) a (4) b

词汇练习 Vocabulary exercises

1. (1) c (2) a (3) b (4) e (5) d
2. (1) b (2) a (3) e (4) c (5) d
3. (1) b (2) a (3) d (4) c (5) e

综合理解 Global understanding

我是一个有钱人家的孩子。我爸爸的公司是全省(b. 第二大的)公司。我有一个女朋友,名字叫(a. 小红)。她最喜欢做的事情是买很贵的(b. 衣服),所以我为她花了很多钱。有一天,她让我给她买(b. 一个房子),要不然就和我分手。可是我没有那么多钱,她让我把爸爸的(a. 饭店)卖了。但是,爸爸生病了,他说只要我(a. 成为[19]像张力那样的人),他就把公司给我。

我来到了(b. 北京),去张力的学校找他。在学校,我(b. 没找到)张力。后来,我去了一个酒吧,认识了一个男孩儿,他的名字也叫(a. 张力)。在酒吧,我还认识了一个女孩儿,我叫她(b. 酒吧妹)。我在酒吧里等了张力几[11]天,可是张力都没来,我却[53]和(a. 小张力)成了朋友。一次,有几[11]个人看上了我身上贵的东西,他们(a. 打)我,(a. 小张力)把那些人放倒[42]了。后来,我和这个新朋友一起去看望他的(a. 爷爷)。我后来知道,我的朋友并不是这个老人的孙子[65],他只是在照顾这个老人。这样一个负责任[62]又好心的朋友,我非常喜欢他。在他的帮助下,我的生活变了,我开始在(b. 酒吧)工作,学会了很多事情,也知道了什么是责任。

后来,因为爸爸病重,我和我的朋友回到了家乡。几[11]年以后,我再见到我的朋友时,他已经是一个(b. 大公司)的老板[38]了。原来,我的朋友就是我爸爸让我找的人——我终于找到了我的朋友。

练习编写与英文翻译:王萍丽

为所有中文学习者(包括华裔子弟)编写的
第一套系列化、成规模、原创性的大型分级轻松泛读丛书

"汉语风"(Chinese Breeze)分级系列读物简介

"汉语风"(Chinese Breeze)是一套大型中文分级泛读系列丛书。这套丛书以"学习者通过轻松、广泛的阅读提高语言的熟练程度,培养语感,增强对中文的兴趣和学习自信心"为基本理念,根据难度分为8个等级,每一级6—8册,共近60册,每册8,000至30,000字。丛书的读者对象为中文水平从初级(大致掌握300个常用词)一直到高级(掌握3,000—4,500个常用词)的大学生和中学生(包括修美国AP课程的学生),以及其他中文学习者。

"汉语风"分级读物在设计和创作上有以下九个主要特点:

一、等级完备,方便选择。精心设计的8个语言等级,能满足不同程度的中文学习者的需要,使他们都能找到适合自己语言水平的读物。8个等级的读物所使用的基本词汇数目如下:

第1级:300 基本词	第5级:1,500 基本词
第2级:500 基本词	第6级:2,100 基本词
第3级:750 基本词	第7级:3,000 基本词
第4级:1,100 基本词	第8级:4,500 基本词

为了选择适合自己的读物,读者可以先看看读物封底的故事介绍,如果能读懂大意,说明有能力读那本读物。如果读不懂,说明那本读物对你太难,应选择低一级的。读懂故事介绍以后,再看一下书后的生词总表,如果大部分生词都认识,说明那本读物对你太容易,应试着阅读更高一级的读物。

二、题材广泛,随意选读。丛书的内容和话题是青少年学生所喜欢的侦探历险、情感恋爱、社会风情、传记写实、科幻恐怖、神话传说等。学习者可以根据自己的兴趣爱好进行选择,享受阅读的乐趣。

三、词汇实用,反复重现。各等级读物所选用的基础词语是该等级的学习者在中文交际中最需要最常用的。为研制"汉语风"各等级的基础词表,"汉语风"工程首先建立了两个语料库:一个是大规模的当代中文书面

语和口语语料库,一个是以世界上不同地区有代表性的40余套中文教材为基础的教材语言库。然后根据不同的交际语域和使用语体对语料样本进行分层标注,再根据语言学习的基本阶段对语料样本分别进行分层统计和综合统计,最后得出符合不同学习阶程需要的不同的词汇使用度表,以此作为"汉语风"等级词表的基础。此外,"汉语风"等级词表还参考了美国、英国等国和中国大陆、台湾、香港等地所建的10余个当代中文语料库的词语统计结果。以全新的理念和方法研制的"汉语风"分级基础词表,力求既具有较高的交际实用性,也能与学生所用的教材保持高度的相关性。此外,"汉语风"的各级基础词语在读物中都通过不同的语境反复出现,以巩固记忆,促进语言的学习。

四、易读易懂,生词率低。"汉语风"严格控制读物的词汇分布、语法难度、情节开展和文化负荷,使读物易读易懂。在较初级的读物中,生词的密度严格控制在不构成理解障碍的1.5%到2%之间,而且每个生词(本级基础词语之外的词)在一本读物中初次出现的当页用脚注做些简明注释,并在以后每次出现时都用相同的索引序号进行通篇索引,篇末还附有生词表,以方便学生查找,帮助理解。

五、作家原创,情节有趣。"汉语风"的故事以原创作品为主,多数读物由专业作家为本套丛书专门创作。各篇读物力求故事新颖有趣,情节符合中文学习者的阅读兴趣。丛书中也包括少量改写的作品,改写也由专业作家进行,改写的原作一般都特点鲜明、故事性强,通过改写降低语言难度,使之适合该等级读者阅读。

六、语言自然、鲜活。读物以真实自然的语言写作,不仅避免了一般中文教材语言的枯燥和"教师腔",还力求鲜活地道。

七、插图丰富,版式清新。读物在文本中配有丰富的、与情节内容自然融合的插图,既帮助理解,也刺激阅读。读物的版式设计清新大方,富有情趣。

八、练习形式多样,附有习题答案。读物设计了不同形式的练习以促进学习者对读物的多层次理解;所有习题都在书后附有答案,以方便查对,利于学习。

九、配有录音,两种语速选择。各册读物所附的故事录音(MP3格式),有正常语速和慢速两种语速选择,学习者可以通过听的方式轻松学习、享受听故事的愉悦。故事录音可通过扫描封底的二维码获得,也可通过网址http://www.pup.cn/dl/newsmore.cfm?sSnom=d203下载。

For the first time ever, Chinese has an extensive series of enjoyable graded readers for non-native speakers and heritage learners of all levels

ABOUT Hànyǔ Fēng (*Chinese Breeze*)

Hànyǔ Fēng (*Chinese Breeze*) is a large and innovative Chinese graded reader series which offers nearly 60 titles of enjoyable stories at eight language levels. It is designed for college and secondary school Chinese language learners from beginning to advanced levels (including AP Chinese students), offering them a new opportunity to read for pleasure and simultaneously developing real fluency, building confidence, and increasing motivation for Chinese learning. *Hànyǔ Fēng* has the following main features:

☆ Eight carefully graded levels increasing from 8,000 to 30,000 characters in length to suit the reading competence of first through fourth-year Chinese students:

Level 1: 300 base words	Level 5: 1,500 base words
Level 2: 500 base words	Level 6: 2,100 base words
Level 3: 750 base words	Level 7: 3,000 base words
Level 4: 1,100 base words	Level 8: 4,500 base words

To check if a reader is at one's reading level, a learner can first try to read the introduction of the story on the back cover. If the introduction is comprehensible, the leaner will be able to understand the story. Otherwise the learner should start from a lower level reader. To check whether a reader is too easy, the learner can skim the Vocabulary (new words) Index at the end of the text. If most of the words on the new word list are familiar to the learner, then she/ he should try a higher level reader.

☆ Wide choice of topics, including detective, adventure, romance, fantasy, science fiction, society, biography, mythology, horror, etc. to meet the diverse interests of both adult and young adult learners.

☆ Careful selection of the most useful vocabulary for real life communication in modern standard Chinese. The base vocabulary used for writing each level was generated from sophisticated computational analyses of very large written and spoken Chinese corpora as well as a language databank of over 40 commonly used or representative Chinese textbooks in different countries.

☆ Controlled distribution of vocabulary and grammar as well as the deployment of story plots and cultural references for easy reading and efficient learning, and highly recycled base words in various contexts at each level to maximize language development.

☆ Easy to understand, low new word density, and convenient new word glosses and indexes. In lower level readers, new word density is strictly limited to 1.5% to 2%. All new words are conveniently glossed with footnotes upon first appearance and also fully indexed throughout the texts as well as at the end of the text.

☆ Mostly original stories providing fresh and exciting material for Chinese learners (and even native Chinese speakers).

☆ Authentic and engaging language crafted by professional writers teamed with pedagogical experts.

☆ Fully illustrated texts with appealing layouts that facilitate understanding and increase enjoyment.

☆ Including a variety of activities to stimulate students' interaction with the text and answer keys to help check for detailed and global understanding.

☆ Audio files in MP3 format with two speed choices (normal and slow) accompanying each title for convenient auditory learning. Scan the QR code on the backcover, or visit the website http://www.pup.cn/dl/newsmore.cfm?sSnom=d203 to download the audio files.

"汉语风"系列读物其他分册
Other *Chinese Breeze* titles

"汉语风"全套共8级近60册,自2007年11月起由北京大学出版社陆续出版。下面是已经出版或近期即将出版的各册书目。请访问北京大学出版社网站(www.pup.cn)关注最新的出版动态。

Hànyǔ Fēng (*Chinese Breeze*) series consists of nearly 60 titles at eight language levels. They have been published in succession since November 2007 by Peking University Press. For most recently released titles, please visit the Peking University Press website at www.pup.cn.

第1级:300词级
Level 1: 300 Word Level

错,错,错!
Wrong, Wrong, Wrong!

两个想上天的孩子
Two Children Seeking the Joy Bridge

我一定要找到她……
I Really Want to Find Her...

我可以请你跳舞吗?
Can I Dance with You?

向左向右
Left and Right: The Conjoined Brothers

你最喜欢谁?
Whom Do You Like More?

第2级:500 词级
Level 2: 500 Word Level

电脑公司的秘密
Secrets of a Computer Company

我家的大雁飞走了
Our Geese Have Gone

青凤
Green Phoenix

如果没有你
If I Didn't Have You

妈妈和儿子
Mother and Son

出事以后
After the Accident

一张旧画儿
An Old Painting

第3级：750词级
Level 3：750 Word Level

第三只眼睛
The Third Eye

两个月，飞机上已经有五个人放在包里的钱没有了！这是谁干的呢？是一个人还是不同的人干的？警察(jǐngchá, police)很着急，想了很多办法，可是都没找到做坏事的人。有一天，他把那五次坐飞机的人的名字都找来，放在一起一个一个地看，看了一遍又一遍，突然，他的眼睛一亮，停在了一张纸的中间……

几天以后，警察跟在一个人的后边，坐进了飞往北京的飞机。

In just two months, five customers had large amounts of money stolen while in flight! Such cases became a headache for the cops. Harried and frustrated for a while, they found a clue while screening the names of all the customers. One day, when the thief showed up again on the airplane, a cop quietly followed. The cop sat there nonchalantly with his "third eye" watching and waiting for the fish to bite.

画皮
The Painted Skin

很久很久以前的一天，王生在他家附近的河边玩儿，看见了一个漂亮的姑娘，就把她带回他读书学习的那个房子里，快乐得忘了家里的太太。有一天，他从外边做事回来，看见一个可怕的妖怪(yāoguài, evil ghost)坐在他读书的桌子旁边，正在往身上穿一张皮(pí, skin)，穿上以后，妖怪就变成了他带回来的那个漂亮姑娘！王生怕极了，倒(dǎo, fall down)在了地上……

A long time ago, Scholar Wang came across a girl while he strolled along a creek near his home. Attracted by such beauty, Wang took her back and hid her in his private study house, and they spent many happy days together. However, one day when Wang came back from outside, he saw something that scared him to death: A dreadful ghost sat down at his desk put on a piece of painted skin, and turned into his pretty girl! Wang was very scared, fell onto the ground...

留在中国的月亮石雕
The Abandoned Moon Sculpture

看着从北京寄来的信,还有那张画着两个月亮的地图,白春水高兴得连手和脚都动了起来,像要跳舞一样。他拿起电话,很快打起了爷爷家的号码:"爷爷!爷爷!中国的那个月亮城有消息了!您思念了几十年的奶奶和那个的宝贝,现在可以去找回来了……"

他马上买了机票,飞到北京,又从北京飞到中国南方的一个城市,再坐半天火车和一天的汽车,进了大山里面,终于来到了月亮城。可是,眼前的月亮城怎么是这样?完全不像爷爷要找的那个月亮城啊……

Upon reading the letter from Beijing, and the accompanying map marked by two moons, Bai Chunshui couldn't help but dance with joy. He quickly picked up the phone and dialed his grandfather: "Grandpa, grandpa! The Moon City has been found! Now we can go to China to find grandma and the sculpture, the treasure you've been missing for decades!"

Chunshui hastily purchased an air ticket. He flew first to Beijing, then from Beijing to a city in southern China. He rode a train for several hours, and then a bus for a full day before finally arriving at the Moon City. But, how could the Moon City look like this? This definitely wasn't the place grandpa wanted to find...

第4级:1,100词级
Level 4: 1,100 Word Level

好狗维克
Vick the Good Dog

两件红衬衫
Two Red Shirts

竞争对手
The Competitor

沉鱼落雁
Beauty and Grace